Dʳ Claude SOUQUET

Ancien Interne pr

MORTALITÉ INFANTILE

de la première Année

A TOULOUSE, de 1900 à 1910

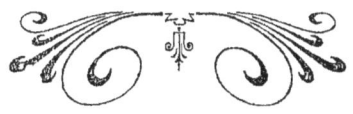

TOULOUSE

Cʜ. DIRION, LIBRAIRE-ÉDITEUR

22, rue de Metz et rue des Marchands, 33

1911

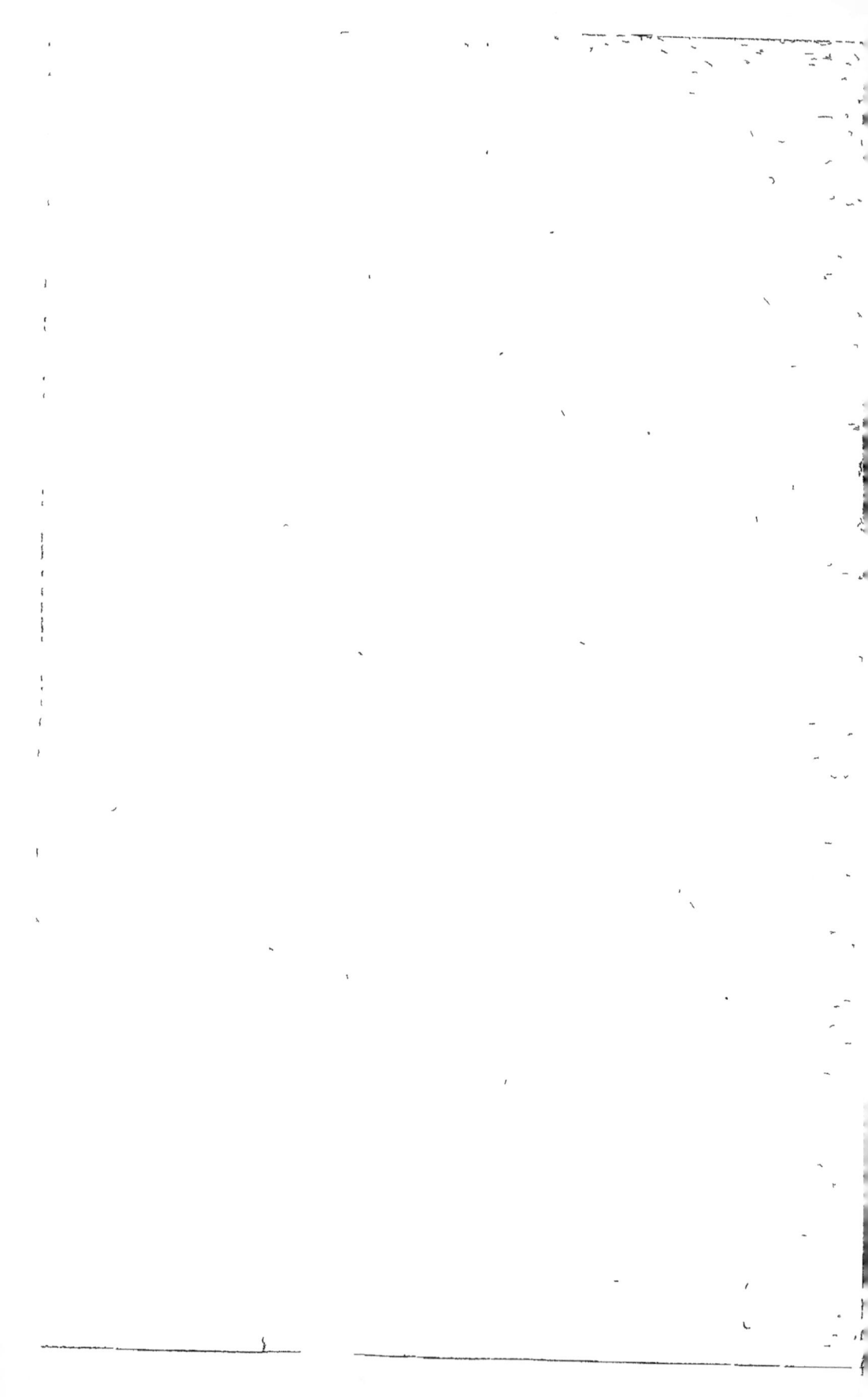

Dᵣ Claude SOUQUET

Ancien Interne provisoire des Hôpitaux

MORTALITÉ INFANTILE

de la première Année

A TOULOUSE, de 1900 à 1910

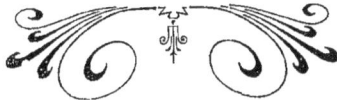

TOULOUSE

Cʜ DIRION, LIBRAIRE-ÉDITEUR

22 rue de Metz et rue des Marchands 33

1911

INTRODUCTION

L'avenir d'un peuple est en grande partie lié a la puissance de sa natalité. Que l'excédent du chiffre de ses naissances sur celui de ses décès, diminue jusqu'à tendre à zéro, ce peuple est à la veille de subir la dépopulation

C'est l'état actuel de la France

Le docteur Périé, dans sa these (1909), vient d étudier la question de la diminution de la natalité.

Il a compté nos berceaux trop rares. Nous voulons compter ceux que la mort change en cercueils.

Car nous doutons, avec le docteur Vigenaud, que des lois ou des mesures quelconques fassent naître un enfant de plus mais tous les pédiatres assurent que les trois-quarts des décès d'enfants sont évitables, et c'est résoudre le problème de la dépopulation, que conserver seulement les enfants qui nous naissent

C'est donc une modeste contribution à l'étude de la mortalité infantile française que nous croyons apporter, en étudiant sous l'inspiration de M le professeur Bézy les décès des enfants de Toulouse.

Car notre ville n'est pas en dehors du mal dont souffre la France . au contraire, les décès y surpassent régulièrement les naissances le chiffre de la population ne se maintient stationnaire que grâce à l'immigration.

Nous allons donc continuer l'œuvre du docteur Bonnaves (Thèse 1903), avec l'espoir que sa confiance dans l'avenir n'était pas trop présomptueuse, puisque le docteur Emonet, dans sa thèse sur la protection de l'enfance a Toulouse, constatait, en 1904, une notable diminution de la mortalité infantile .

En 1893, 509 décès d'enfants.

En 1903, 371 décès d'enfants.

Nous pensons donc puiser dans notre examen de la situation actuelle un encouragement à persévérer dans nos mesures prophylactiques et peut-être quelque indication des causes morbides qui réclament plus particulièrement notre effort actuel

PLAN

———

— ———

CHAPITRE PREMIER

Vue d'ensemble sur la mortalité des enfants de 0 à 1 an, à Toulouse, entre 1900 et 1910. — Comparaison avec la période 1893-1903.

Notre statistique porte sur les décès d'enfants de 0 à 1 an : C'est, en effet, l'âge où les enfants paient le plus lourd tribu à la mort : ainsi sur 1000 enfants qui naissent (1)

202 meurent avant 1 an.

20,8 meurent de 1 a 4 ans

4,6 meurent de 5 à 9 ans.

4,2 meurent de 10 à 19 ans

La statistique du docteur Bonnaves portait sur une décade (1893-1903). Pour faciliter la comparaison, nous lui avons emprunté trois ans, afin de considérer aussi une décade.

(1) Mouvement de la population Ministère du Commerce et de l'Industrie, 1899 1900, page CXIX

Tableau d'ensemble de la mortalité des enfants de 0 à 1 an (1900-1910)

	1900	1901	1902	1903	1904	1905	1906	1907	1908	1909	TOTAL
Mortalité totale...	3554	3435	3380	3556	3661	3724	3819	3935	3572	3963	36599
Natalité..........	2622	2745	2634	2586	2548	2545	2610	2523	2722	2587	26132
Excéd. de Mortalité	932	690	746	970	1113	1179	1199	1412	850	1376	10467

DÉCÈS de 0 à 1 an	1900		1901		1902		1903		1904		1905		1906		1907		1908		1909		TOTAL			
	0-1m	1m1a	0-1m	1m1a	0-1m	1m1a	0-1m	1m1a	0-1m	1m1a	0-1m	1m1a	0-1m	1m1a	0-1m	1m1a	0-1m	1m1a	0-1m	1m1a	0-1 mois	1m. 1an	0-1 an	
En Janvier.......	19	12	24	11	9	13	14	10	6	9	17	12	15	5	11	13	12	25	10	14	13.7	11.4	25.1	
Février.........	17	12	35	4	16	11	15	15	15	10	16	13	13	17	17	16	11	2	18	11	17.3	13.1	30.4	
Mars...........	14	19	17	11	15	14	11	1	15	17	10	13	13	18	12	25	18	16	18	8	14.3	15.7	29	
Avril..........	10	8	19	13	11	8	15	11	19	12	13	16	14	11	14	9	23	10	8	8	14.6	10.6	:5.2	
Mai............	14	10	7	12	22	8	10	14	8	9	12	9	9	20	19	12	9	13	5	14	12.4	12.1	24.5	
Juin...........	8	17	7	13	5	8	11	30	10	26	11	18	9	10	14	16	20	18	5	11	10.4	16.7	27.1	
Juillet........	17	43	20	36	18	49	25	40	24	75	17	44	16	53	20	20	18	31	15	12	19	40.1	59.1	
Août...........	21	42	22	49	14	53	13	28	21	37	14	48	24	48	19	45	18	27	15	32	18.1	40.4	58.5	
Septembre.....	25	26	21	37	23	29	15	19	9	28	18	19	12	33	10	21	12	21	5	21	15.2	.5.4	40.6	
Octobre	14	32	19	14	.1	21	8	11	11	11	14	8	7	29	11	25	13	18	4	26	11.2	19.8	31	
Novembre....	9	11	18	18	11	12	10	9	6	13	8	9	12	13	24	14	9	14	20	16	13.7	12.8	25.5	
Décembre....	11	10	13	8	9	16	14	12	17	9	13	5	19	9	12	14	8	10	5	16	12.1	10.9	23	
Total annuel ...	175	242	223	199	165	260	161	210	161	258	166	214	163	266	183	247	171	215	132	189	159.8	237.9	397.7	
	417		422		425		371		419		377		429		410		386		321		3977			
Proportion de décès de 0 à 1 an pour 1.000 décès generaux........	117.3		117		125.7		104.8		112.5		143.1		112.3		104.4		108.06		80.9		moyenne 109.3			
Proportion pour 1.000 naissances.	159.2		158.7		161.3		143.4		164.6		147.8		163.7		162.8		141.8		124		143.02			

(colonne de droite : Moyennes mensuelles)

Dans notre premier tableau, nous voulons seulement donner un aperçu général de la situation actuelle, sans tenir compte des causes de décès.

Il renferme quelques renseignements sur la mortalité générale et la natalité, afin d'avoir des points de
comparaison en prenant les proportions de décès d'enfants par rapport aux décès totaux et aux naissances

C'est à la complaisance de M. le docteur de Micas,
que nous sommes redevables des documents utilisés
par nous pour dresser notre tableau.

L'examen de ce tableau nous permet d'abord de faire
quelques observations sur la situation démographique
de Toulouse.

1° Dans une ville ou la population reste *officielle-
ment* stationnaire. la mortalité générale paraît en
légère augmentation, surtout en la surveillant depuis
1893

De 1893 a 1903 .... 34.753 décès
De 1900 à 1910 .... 36.599 décès.
_____
Difference.... 1.846 décès.

2° La natalité paraît à peu près stationnaire de 1900
a 1910, mais elle diminue cependant

De 1893 à 1903 ..... 26.631 naissances
De 1900 à 1910 ..... 26.132 naissances.
_____
Différence . . 499 naissances

3° Comme conséquence forcée. l'écart entre ces

deux facteurs augmente surtout à partir de 1904 et la
mortalité dépasse la natalité de 1.376 en 1909, alors
que dans la décade précédente, ce chiffre n'avait que
deux fois depassé 1000 et de peu, 1.026 et 1.005 en
1895 et 1899

Deces de 0 à 1 an — Arrivons maintenant aux
décés des enfants de 0 à 1 an. Ils paraissent en décroissance depuis 1900, surtout grâce au faible chiffre de
1909 Comparons notre décade à celle du docteur
Bonnaves

1893-1903		1900-1910	
En 1893	509 decès	En 1900	417 deces
En 1902 . ..	425 deces	En 1909	321 deces
Minim de deces en 1900.	417	Minim de deces en 1909..	321
Maxim de deces en 1894	550	Maxim de deces en 1906.	429
Moyenne annuelle	463.9	Moyenne annuelle	397.7
Deces en 10 ans	4639	Deces en 10 ans	3977

Différence .... 662 déces.

Tous les elements comparatifs montrent que nous
sommes en progrès

Ce progrès est moindre qu'il ne paraît. Rappelons-
nous, en effet, l'abaissement de la natalité toulousaine · Nos dix ans comptent 499 naissances de moins.

Calculons la mortalité normale qu'auraient pu four-
nir ces 499 nourrissons, d'apres notre moyenne de
mortalité pour 1000 naissances inscrites sur notre premier tableau., et deduisons ce chiffre 72 de 662

Il reste une économie de 590 déces en dix ans.

Proportion des décès de 0 à 1 an pour 1000 naissances. — Ce progrès est bien visible à la lecture de la dernière ligne de notre premier tableau.

La dîme mortuaire de M. Bertillon c'est-à-dire la proportion de décès d'enfants par 1000 naissances s'abaisse franchement. Et depuis 1893 :

1893-1903		1900 1910	
En 1893 .	188.4	En 1900 .	159.2
En 1902	161.3	En 1909 .	124
Minimum 1901 .	153.7	Minimum 1909 .	124
Maximum 1895	214.8	Maximum 1904 ..	164.6
Moyenne	173.7	Moyenne .	143.02

Ceci est satisfaisant

Proportion des décès de 0 à 1 an pour 1000 décès généraux. — Et si maintenant nous comparons la mortalité de nos enfants à la mortalité générale, nous avons des résultats d'autant plus marqués que les décès totaux sont en augmentation, nous l'avons dit. Soit :

1893-1903		1900-1910	
En 1893	144 5	En 1900 ..	117.3
En 1902	125.7	En 1909 .	80.9
Minimum 1901 .	117	Minimum 1909 .	80.9
Maximum 1894	154.5	Maximum 1902	125.7
Moyenne .	132 7	Moyenne	109 '

Nos prévisions optimistes sont donc justifiées. Bien qu'il faille tenir compte de l'observation que nous avons faite sur la réduction des naissances, le graphique de la marche de la mortalité même en des chiffres absolus ,représente à peu près la vérité.

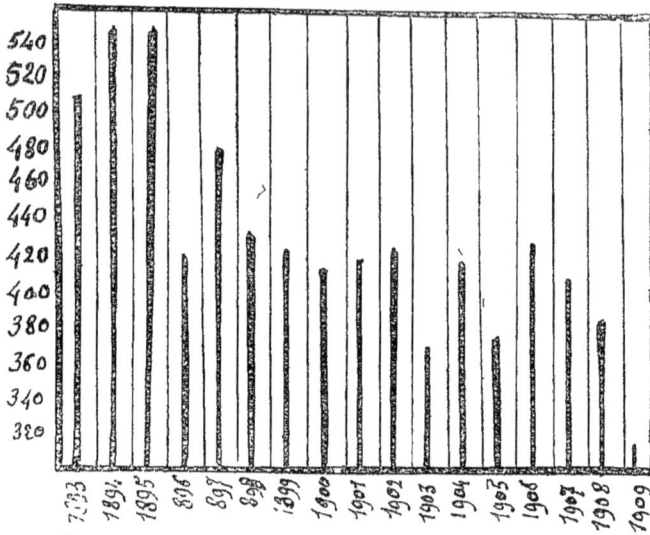

540
520
500
480
460
440
420
400
380
360
340
320

1893 1894 1895 896 897 898 1899 1900 1901 1902 1903 1904 1905 1906 1907 1908 1909

Marche générale de la mortalité des enfants de 0 a 1 an
de 1893 à 1910

Decès de 1 jour à 1 mois et de 1 mois à 1 an. — Il
est maintenant intéressant de voir si les deux catégories de nourrissons qu'établissent généralement les
statisticiens voient également s'améliorer leur situation :

	1893-1903	1900-1910
Deces de 1 jour a 1 mois	1945	1697 ·
Deces de 1 mois a 1 an	3694	2280
Proportion des deces de 0 a 1 mois pour 1 000 deces de 0 a 1 an .	419	426
Proportion des deces de 1 mois a 1 an pour 1 000 deces de 0 a 1 an.	581	574
Moyenne de deces de 0 a 1 mois......	194.5	169.7
Moyenne de deces de 1 mois a 1 an	269 4	228

C'est une notion banale que la fragilité des enfants durant le premier mois Mais les lignes ci-dessus nous apprennent que le progres a été réalisé surtout en faveur de senfants de 1 mois à 1 an.

Mortalité par mois. — Enfin, notre premier tableau nous permet de vérifier que les données classiques au sujet des mois meurtriers s'appliquent exactement à Toulouse

Maximum de la mortalite de 0 a 1 an   juillet .' 59.1
Maximum de la mortalite de 0 a 1 mois   ju llet 19
Maximum de la mortalite de 1 mois a 1 an   août. 40 4

Il est rationnel que les enfants de 0 a 1 mois soient emportés des les premières_chaleurs ceux qui sont plus âgés résistent jusqu'en août.

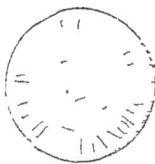

CHAPITRE II

Les causes de décès; leur évolution depuis 1893.

Nous allons d'abord regretter la part d'inexactitudes que doivent renfermer les statistiques officielles. Et nous émettons, après bien d'autres, le vœu suivant : Le médecin de l'état civil doit faire un diagnostic avec les dires des parents et son appréciation post-mortem. Il serait bien préférable qu'à toute déclaration de décès soit joint un certificat du médecin traitant indiquant la cause de la mort.

Enfin, il est des causes de mort qui ne figurent pas dans la statistique, malgré leur importance : ainsi la syphilis. Et ses décès vont se ranger sous quelqu'autre rubrique qu'ils enflent mais n'éclairent pas.

Notre tableau des causes de décès est à peu près calqué sur celui du docteur Bonnaves ceci pour faciliter la comparaison.

Nous en avons seulement exclu les données déjà incluses dans notre premier tableau.

C'est encore l'obligeance de M. le docteur de Micas qui nous a documenté.

MORTALITÉ INFANTILE

De 1 jour a 1 mois et de 1 mois a 1 an, suivant les causes,

De 1900 à 1910

	Bronchite	Pneumonie	Cordiopathies	Diarrhée	Méningite	Convulsions	Débilité congénitale	Erysipèle	Dysenterie	Coqueluche	Rougeole	Scarlatine	Variole	Diphtérie	Tuberculose	Divers	Totaux
1900 De 1 jour a 1 mois	11			37		2	121				4						175
De 1 mois à 1 an	29	25	1	124	11	18	13	1	1	4	3	1				12	242
Total.	40	25	1	162	11	20	134	1	1	4	7	1				12	417
1901 De 1 jour à 1 mois	5	9		36		3	16	1		1	1			1		5	223
De 1 mois a 1 an	15	19	2	117	13	19	23			6	3				1	1	199
Total.	20	28	2	153	13	22	174	1		7	4			1	1	6	422
1902 De 1 jour a 1 mois	1	3		22	10		129										165
De 1 mois à 1 an	11	20		142	16	38	15			7	8			1	2		260
Total....	12	23		164	26	38	144			7	8			1	2		425
1903 De 1 jour à 1 mois	2	1		20	2	6	127	1								2	163
De 1 mois a 1 an	17	10	1	114	13	20	15	2		1	9					8	214
Total .	19	11	1	134	15	26	142	3		1	9					10	377
1904 De 1 jour à 1 mois	7	2		39	1	3	106	1		2						11	161
De 1 mois a 1 an	17	14		151	13	27	9	3		10					3	11	258
Total	24	16		190	14	30	115	4		12					3	11	419
1905 De 1 jour à 1 mois	4	2		37		7	111									2	163
De 1 mois à 1 an	10	26		123	11	21	7	1		6						8	214
Total	14	28		160	11	28	118	1		6						10	377
1906 De 1 jour à 1 mois	5	2		40	1	3	107			2	1					2	163
De 1 mois à 1 an	15	17		157	18	22	8	1		4	4		1	3	1	15	266
Total ...	20	19		197	19	25	115	1		6	5		1	3	1	17	429
1907 De 1 jour a 1 mois	7	8		39		8	115						3			3	183
De 1 mois à 1 an	15	34		101	17	18	12	1		6	3		2	4	3	11	227
Total .	22	42		140	17	26	127	1		6	3		5	4	3	11	410
1908 De 1 jour a 1 mois	1	5		46		8	92									19	171
De 1 mois à 1 an.	14	23		92	12	17	39	2		1	1					14	215
Total .	15	28		138	12	25	131	2		1	1					33	386
1909 De 1 jour à 1 mois	8	1		10	1	4	78									30	132
De 1 mois à 1 an	30	7	1	66	8	9	43			1	2	2			1	19	181
Total .	38	8	1	76	9	13	121			1	2	2			1	19	321
Moyenne annuelle	22 4	22 8	0 5	149 4	14 7	25 3	132 1	1.4	0 1	5 1	3 9	0.3	0.6	0.9	1.1		397.7
Pourcentage actuel	5 6	5 7	0 1	37 2	3 7	6 3	33 2	0 3	0 2	1 3	0 9	0.07	0.1	0 2	0 2		
Pourcent 1893-1903.	5 8	6 2		39 3	3 8-7	(2)30 7				0 9	1 4	0.08		0.04	0.1		

Examinons successivement les diverses maladies auxquelles succombent nos enfants.

Suivant la méthode déjà employée dans l'examen d'ensemble de notre statistique nous allons presque pour chaque affection, dresser un petit résumé de la situation actuelle et en face indiquer ce qu'elle était de 1893 à 1903

Maladies de l'appareil respiratoire. — Elles figurent sous deux chefs : bronchite et pneumonie

	1893-1903	1900-1910
Pourcentage des deces par bronchite	5 8	5 6
Pourcentage des décès par pneumonie	6.2	5 7
Pourcentage des deces par maladies pulmonaires	12 »	11 3

Nous sommes en progrès de 0.7 % au total

Notre grand tableau des causes de la mortalité nous permet de constater la predominance sous cette rubrique des déces de 1 mois à 1 an

A quelle époque se produisent-ils surtout ? On pense que c'est surtout à la saison froide . nous avons voulu le vérifier.

C'est pourquoi nous avons fait la statistique mensuelle de ces décès pendant dix ans. Elle nous a permis de représenter par un graphique la marche annuelle moyenne de la mortalité par affection de l'appareil pulmonaire.

Mortalité par Bronchite et Pneumonie selon les mois des enfants de zéro à 1 an

	Janvier		Février		Mars		Avril		Mai		Juin		Juillet		Août		Septembre		Octobre		Novembre		Décembre		Total
	0 1m	1m 1a	0 1m	1m 1a	0 1m	1m 1a	0 1m	1m 1a	0 1m	1m 1a	0 1m	1m 1a	0 1m	1m 1a	0 1m	1m 1a	0 1m	1m 1a	0 1m	1m 1a	0 1m	1m 1a	0 1m	1m 1a	
1900	2	4	1	11	1	10	2	3		6		7	1	3	2	3	1		2	1	1	2		3	65
1901	1	2	3	2		6		6		5		4	3	1		7			4		3	2		2	48
1902		2		2		6		2	2	1	1	1		2		3		2	1	2	3		4	3	35
1903		4		3		7		2		2	1	2		1		1		2	2		1			2	30
1904		1	1	2	1	10	3	5		2		1		1	2	1					3	2	5		40
1905		6	4	7	1	7	1	3		2	1	1		3	1	1		1	1			3		2	42
1906	2	2	1	5		2		5		9	1		1	2			2		2	1	3	1			39
1907	4	6	2	6	3	20	1	3	2	2		2	1	4		2	1	1	1	2	1				64
1908	1	2	1	13	2	8	2	1		2		3		3		3	1				1			1	43
1909		1	2	4	1	1		3		5		4	1	1	2	1		1		1	3	6		9	46
	10+30 / 10		12+54 / 66		9+68 / 77		9+33 / 42		4+36 / 40		4+25 / 29		7+21 / 28		7+22 / 29		2+10 / 12		11+8 / 19		9+26 / 35		6+24 / 30		

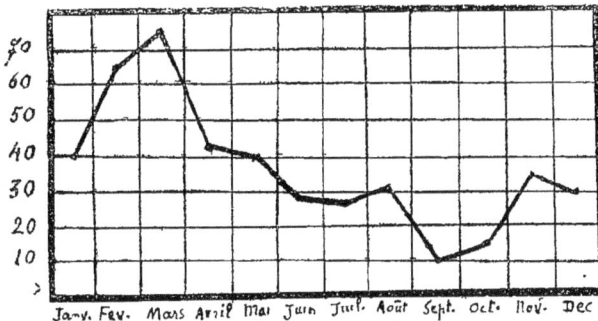

Mortalité par bronchite et pneumonie selon les mois,
des enfants de 0 a 1 an

En nous y reportant, nous pouvons constater qu'elle présente franchement un minimum en septembre, puis elle s'élève après octobre et monte progressivement pour atteindre son maximum en mars Elle s'abaisse ensuite assez rapidement, puis se maintient à un chiffre peu variable après mai jusqu'en août. Enfin elle rejoint son minimum.

Diarrhée infantile. — C'est la plus meurtrière des maladies d'enfants : sur 100 décès, plus de 37 lui sont dûs. Ce chiffre élevé représente cependant un progrès appréciable, car le pourcentage était, il y a dix ans, de 39,3.

Décès p diarrhée en 1893	196	Deces p diarrhée en 1900	162
Décès p diarrhée en 1902	164	Decès p. diarrhée er 1909	78
Décès par diarrhée de		Decès par diarrhée de	
1893-1903	1826	1900-1909	1482
Minimum en 1901	143	Minimum en 1909	7S
Maximum en 1895	215	Maximum en 1906	197
Moyenne annuelle	182 6	Moyenne annuelle ...	148 2

Donc chaque année nous sauvons :

$$182,6 - 148,2 = 34,4.$$

34 enfants de plus qu'il y a dix ans.

Ce n'est pas tout à fait exact : Car il faut se rappeler que notre natalité a diminué de 499 en dix ans. Les 499 enfants qui ne sont pas nés auraient fourni une mortalité déjà calculée de 72, dont :

$$\frac{37.2 \times 72}{100} = 26.7 \text{ par diarrhée,}$$

et en un an, 2,67.

Notre progrès réel n'est donc que de :

$$34,4 - 2,6 = 31,8$$

chaque année.

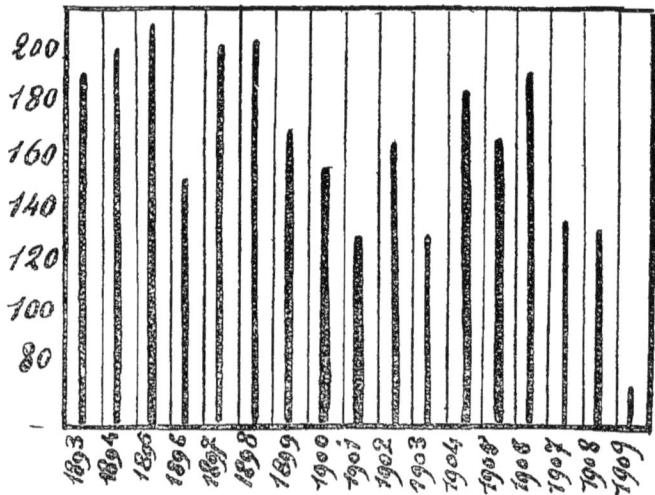

Marche de la mortalité par diarrhée des enfants de 0 à 1 an, de 1893 à 1910

Cependant le graphique de la marche de la mortalite par diarrhée, depuis 1900, ne serait pas aussi net-
tement descendant si on faisait abstraction de l'année
1909. C'est surtout en réunissant la grande période de
1893-1903 à la nôtre, que nous avons un ensemble
consolant.

Quant a l'influence saisonnière et météorologique,
elle est trop connue, pour que nous en donnions de
nouvelles pieuves. Il suffit de se reporter à ce que
nous avons dit de la mortalite generale par mois. C'est
la gastro-entérite qui en règle l'élevation dans les mois
chauds.

Méningites — Selon la remarque du docteur Bonnaves, ce terme englobe surtout les cas de meningite
tuberculeuse qui devraient être ajoutés aux decès par
tuberculose, et des syndromes divers, phénomènes
nerveux dus à l'intoxication d'origine digestive à
ajouter aux melaits de la gastro-enterite, et enfin des
syndromes médullaires mal élucidés encore.

Le pourcentage de 3,7 % reste à peu près stationnaire.

Convulsions. — Les convulsions offrent un pourcentage double : 6,3, mais cependant moindre qu'il y a
dix ans. Il s'abaisse sensiblement d'une unité. Ce
qui est agréable à constater, car elles occupent le troi-
sième rang parmi les causes meurtrieres.

Malheureusement, convulsion est un terme vague.
qui correspond bien à un aspect clinique, mais releve

de pathogénies diverses. Ce n'est pas une entité morbide définie.

Débilité congénitale. — Bien longue est la liste des nourrissons morts débiles : 1321 décès en dix ans.

Mais nous en avions 1425 entre 1893-1903.

En chiffre absolu, nous avons moins de décès de ce chef. C'est ce que montre le graphique suivant :

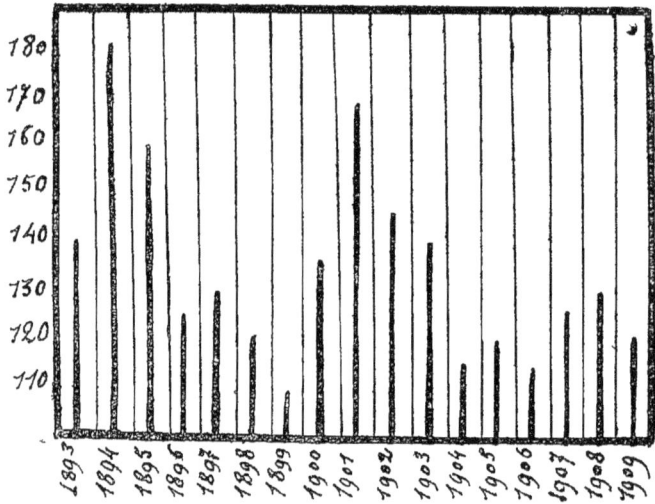

Marche de la mortalité infantile par débilité congénitale
de 1893 à 1900

Au premier abord, il semble que l'abaissement soit manifeste après le grand maximum de 1901. Mais la décade précédente offrait un graphique de même aspect · un grand maximum en 1894, puis une diminution progressive · et brusquement a udébut de notre période nous retrouvons cette terrible elevation de la courbe en 1901.

Il ne nous est donc pas permis de nous tenir pour satisfaits par la contemplation de notre décade. Car nous sommes en droit de craindre la réapparition de grandes oscillations d'allure périodique, comme celles de 1894 et de 1901.

La proportion des décès par débilité pour 1000 naissances et de 50,5 d'après no scalculs, comme à Tourcoing ; elle a donc baissé, car elle était de 53,1 en 1893-1903. Mais c'est encore une proportion déplorable : un enfant sur vingt qui naissent !

Et quant au pourcentage, sur 100 décès totaux de 0 à 1 an, il y a 33,2 debiles au lieu de 30,7 entre 1893-1903. Toulouse dépasse donc maintenant Lyon dans le mal et a le triste privilège de gagner le premier rang parmi les villes de France pour la mortalité par debilité congénitale.

La plupart des débiles meurent dans le premier mois :

De 0 à 1 an.............. 1.321 décès.
De 0 à 1 mois........... 1.147 décès.
De 1 mois à 1 an......... 174 décès.

A quelle époque de l'année ?

Mortalité infantile des enfants de O à 1 an
par débilité congénitale selon les mois

	Janvier	Février	Mars	Avril	Mai	Juin	Juillet	Août	Sept	Octobre	Nov	Déc
1900 . . .	17	13	14	9	11	6	11	9	24	5	7	7
1901 . . .	48		17	16	6	8	13	13	18	13	12	12
1902	11	16	12	9	29	4	11	11	19	8	11	13
1903 .	13	15	10	12	9	12	22	9	12	5	8	12
1904 .	6	13	13	16	6	5	11	11	8	9	5	12
1905 .	16	15	8	8	9	8	8	13	6	9	9	12
1906 . .	9	10	11	16	6	9	9	9	9	4	7	16
1907 .	7	14	7	8	16	6	16	11	9	4	16	13
1908	12	11	13	15	16	17	11	8	8	6	12	12
1909 .	11	14	20	4	5	7	14	12	6	10	9	9
	150	121	125	113	103	82	126	106	119	73	96	118

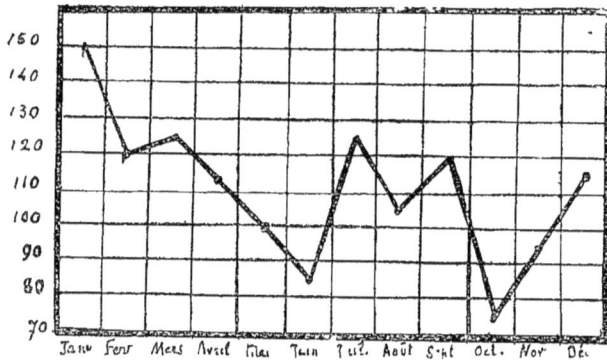

La mortalité est surtout élevée en hiver, comme le prouvent le tableau et le graphique ci-dessus. En janvier, elle est maxima : elle baisse ensuite : atteint son minimum en juin. Elle remonte alors pendant les chaleurs de l'été et s'abaisse vers un second minimum en octobre, pour s'élever presque aussitôt après.

Coqueluche. — Nous avons le regret de constater que la mortalité par coqueluche s'est élevée , trois épidémies en dix ans ; au total, 51 cas, qui élèvent le pourcentage de 0,9 à 1,3.

Cette maladie n'est pas tres meurtriere, mais on doit s'attacher à sa prophyllaxie , car si chez les adultes elle fait beaucoup de malades et peu de morts, elle tue trop de nourrissons.

Comparons, en effet, les deces totaux par la coqueluche avec les décès des enfants de 0 à 1 an dûs à cette même affection.

	Deces totaux par coqueluche	Deces de 0 a 1 an par coqueluche
1900. . . .	12	5
1901..... .	15	7
1902.	7	7
1903.	2	1
1904.	21	13
1905... .	9	6
1906.....	9	6
1907..	10	6
1908..	5	1
1909	5	1
	—	—
	95	51

$$\text{Rapport } \frac{95}{51} = 1.8$$

Donc, approximativement. on peut dire que sur

deux deces par coqueluche, il y a un déces d'un enfant
de 0 à 1 an.

On voit combien la catégorie des nourrissons lui
paie un lourd tribut.

Rougeole. — La rougeole est devenue une maladie
bien moins meurtrière : 39 décès au lieu de 68 , ils ont
donc diminué de moitie pour notre décade par rapport
a la précédente.

Son pourcentage par rapport aux décès d'enfants
s'est réduit de 1,4 à 0,9.

En 1900, 1902 et 1903, la mortalité dépasse la
moyenne annuelle 3,9, très sensiblement , mais jamais
elle ne se rapproche des gros chiffres de 1893 et de
1897, où elle atteignait 23 et 11.

Les déces d'enfants tiennent une notable place dans
la mortalité de la rougeole, cependant moins que pour
la coqueluche.

En effet :

En 1900	24 décès totaux par rougeole	7 enfants de 0 à 1 an
En 1901	8 décès totaux par rougeole	4 enfants de 0 à 1 an
En 1902	9 décès totaux par rougeole	8 enfants de 0 à 1 an
En 1903	33 deces totaux par rougeole	9 enfants de 0 à 1 an
En 1904	0 deces totaux par rougeole	0 enfants de 0 à 1 an
En 1905	0 deces totaux par rougeole	0 enfants de 0 à 1 an
En 1906	23 deces totaux par rougeole	5 enfants de 0 à 1 an
En 1907	6 deces totaux par rougeole	3 enfants de 0 à 1 an
En 1908	9 deces totaux par rougeole	1 enfant de 0 à 1 an
En 1909	7 décès totaux par rougeole	2 enfants de 0 à 1 an

119	39

En prenant le rapport 119/39, on voit qu'il meurt environ 1 nourrisson sur 3 décès par rougeole

Scarlatine. — Nous n'insistons pas sur les deces de ce chef : 4 de 1900 à 1910, au lieu de 3 de 1893 à 1903

Le pourcentage en est négligeable. Par rapport à la mortalité générale par scarlatine, la proportion est de 3/25, c'est-à-dire à peu près 1/8.,

La tendance est à considérer cette maladie comme un syndrome dû à des causes très diverses. Cette conception, qui est celle de M. le professeur Bézy, est de nature à ecarter d'elle l'attention des hygiénistes et à faire considérer comme inutiles les mesures sanitaires anciennes qu'entraînait la déclaration

Variole. — Depuis longtemps il n'y avait pas eu de déces par variole. Nous en avons six à enregistrer 1 en 1906 et 5 en 1907 . probablement des non vacci- nés. Cette constatation est en faveur de la vaccination précoce : 3 de ces enfants décédés de variole avaient entre 1 mois et 1 an.

Diphtérie. — La diphterie fait depuis longtemps peu de victimes . 9 décès en dix ans parmi nos nour- rissons.

Les enfants de 0 a 1 an sont peu touchés , les adul- tes ou les enfants plus âgés fournissent beaucoup plus de décès.

En 1900 17 deces totaux par diphterie 0 enfants de 0 m à 1 an
En 1901 14 deces totaux par diphterie 1 enfant de 0 m a 1 an
En 1902 10 deces totaux par diphterie 1 enfant de 0 m a 1 an
En 1903   5 deces totaux par diphterie 0 nfants de 0 m a 1 an
En 1904   1 deces totaux par diphterie 0 nfants de 0 m a 1 an
En 1905   8 deces totaux par diphterie 0 enfants de 0 m a 1 an
En 1906 10 deces totaux par diphterie 3 nfants de 0 m à 1 an
En 1907   7 deces totaux par diphterie 4 enfants de 0 m à 1 an
En 1908   5 deces totaux par d phter e 0 enfants de 0 m a 1 an
En 1909   8 deces totaux par diphterie 0 manis de 0 m a 1 an

       85   9

Tuberculose. — La tuberculose infantile est beaucoup plus fréquente qu'on ne le croit. M. le professeur Bezy a attiré l'attention sur ce fait. Mais ce diagnostic est trop rarement fait. Et dans les statistiques, son pourcentage 0,2 % est insignifiant. Il s'est abaissé, puisque le docteur Bonnaves indiquait en 1903 : 0,4 % Il est possible d'ailleurs que l'usage plus répandu du lait bouilli ou stérilisé ait pu diminuer les cas de tuberculose infantile.

Le docteur Bonnaves n'ayant pas fait rentrer dans ses statistiques les décès par cardiopathie, érysipèle et dysenterie qui causent d'ailleurs peu de décès d'enfants, nous n'en parlerons pas.

CHAPITRE III

Nos morts-nés

Nous allons évidemment sortir quelque peu du cadre de notre sujet , mais notre digression sera courte. Et nous n'avons pas pu nous empêcher, en consultant les documents nécessaires à l'établissement de notre statistique, de voir à côté du chiffre des décès, le nombre regrettable des morts-nés. Car par dessus la question de la mortalité infantile, nous voyons, nous l'avons déjà dit au début de ce travail, la question de la dépopulation française : et nous trouvons désolant cette perte de capital humain.

Nous donnons quelques chiffres extraits des registres du bureau d'hygiène : le nombre annuel de morts-nés depuis 1906.

En face, nous indiquons la natalité des enfants légitimes et des enfants naturels pour laisser voir l'importance que peut avoir l'état civil en cette matière.

		Natalité	morts-nes	Proportion de morts-nés pour 100 naissances
1906	Legit	2109	131	6 21
	Illégit ..	511	35	6 84
	Total ...	2620	166	13 05

1907	Legit	1994	100	5 01
	Illégit ...	529	36	6 8
	Total....	2523	136	11.81
1908	Legit	2156	??	4 5
	Illegit....	566	26	4 5
	Total....	2722	125	9 0
1909	Legit	2086	86	4 1
	Illegit ..	501	24	4 7
	Total....	2587	110	8 8

Pour 100 naissances, il y a de 8,8 à 13,05 morts-nés. C'est une grosse proportion.

Cette proportion est plus forte chez les filles-mères.

Heureusement, elle est en décroissance progressive pendant les quatre ans considérés.

Mais leur nombre encore trop grand doit nous conseiller d'agir, si possible, sur les causes qui font les morts-nés.

Nous croyons pouvoir diviser ces causes en deux catégories :

1° Causes intervenant pendant la grossesse et causant la mort du fœtus.

2° Causes agissant au moment de son expulsion

Ces dernières sont surtout d'ordre obstétrical : elles sont sous la dépendance d'obstacles mécaniques à l'accouchement, sous la dépendance des dystocies et des interventions médicales appliquées sur l'enfant.

L'art de l'accoucheur peut diminuer le nombre de ces décès prématurés par des interventions diverses et surtout opportunes.

Quant aux causes qui interviennent pendant la grossesse, nous en renvoyons l'étude à la fin du chapitre suivant ; car nous les jugeons du même ordre que celles qui produisent la débilité congénitale. Il n'y a entre la débilitié congénitale et la mort du fœtus in utéro qu'une différence de degré :

Un fœtus succombe pendant la gestation sous l'influence d'une cause qui, moins intense, aurait simplement produit un enfant peu viable. Leur prophylaxie doit être la même.

CHAPITRE IV

Développons avec confiance nos moyens de lutte contre la diarrhée infantile ; et surtout essayons d'enrayer la mortalité par débilité congénitale.

De notre étude se dégagent les notions suivantes :

1° Il y a une diminution générale réelle de la mortalité des enfants de 0 à 1 an à Toulouse depuis dix ans.

2° Sauf pour la coqueluche qui n'est d'ailleurs pas une cause très importante de décès : toutes les maladies ont vu diminuer le nombre de leurs jeunes victimes.

3° Les deux plus meurtrières sont toujours la diarrhée infantile et la faiblesse congénitale, et cette dernière doit particulièrement retenir notre attention. car son pourcentage s'est élevé.

Que reste-t-il à faire ?

Diarrhée infantile. — Nos moyens prophylactiques sont efficaces, puisque les décès de ce chef diminuent, tandis que s'organise la lutte contre ce péril.

Mais etant donné les chiffres 9,5 % que la mortalité atteint dans certains pays favorisés, tels que certaines régions de la Bohême et le Gers, on peut espérer de meilleurs résultats. Il suffit de persévérer dans la bonne voie déjà suivie.

Nos moyens d'action étudiés par Armaing et Mellis en 1907, sont :

1° D'ordre géneral :

A. *Théoriques :* c'est la lutte contre l'ignorance par les distributions de brochures (comme celles de la clinique infantile ou du dispensaire), des conférences, les conseils donnés aux mères.

B. *Pratiques :* s'appliquant

a) à la mère . dans le but de favoriser l'allaitement maternel. Ainsi agissent :

La loi Roussel :

La ligue contre la mortalité infantile :

Les crèches annexées aux usines :

La Société de charité maternelle.

'OEuvre de la mutualité maternelle.

b) Au nourrisson :

Les consultations de nourrissons, dont le docteur Sans a étudié l'heureuse action (Thèse 1908) ;

Les distributions de lait stérilisé étudiées par Daynes (Thèse de Toulouse 1907).

2° Mesures particulières : la protection des enfants assistés.

Malheureusement l'ignorance est longue à dissiper.

La loi Roussel s'applique peu. Le docteur Allée (Thèse 1908) le déplore à Paris ; le docteur Jarricot à Lyon. A Toulouse, la situation doit être analogue.

Cette loi est même inconnue de ceux-là même qu'elle devrait le plus intéresser. Et j'ai vu non loin de Toulouse, un maire, dont le rôle est de signer quelquefois des certificats pour ses nourrices, qui venait en chercher une à Toulouse dont l'enfant avait douze jours. De la meilleure foi du monde il la prenait pour son fils : tandis que le petit protégé de la loi Roussel devait être confié à sa grand'mère pour être livré au biberon.

Qu'en conclure ?

1° Qu'il faut continuer à dissiper les préjugés et l'ignorance des mères qui trop souvent « ne connaissent pas le premier mot de leur métier ». Pourquoi tarder à faire une place dans l'enseignement donné aux jeunes filles. à cette précieuse science. Apprendre son métier de mère avant de l'être éviterait des apprentissages souvent meurtriers.

2° Il faudrait, en outre, veiller à l'application de la loi Roussel, punir sévèrement les placements clandestins de nourrices, et faire subir enfin à cette loi les quelques modifications réclamées déjà depuis longtemps par les pédiatres (M. le professeur Bézy), afin d'en obtenir tous les bons résultats qu'elle doit donner ;

3° Les œuvres individuelles contre la mortalité infantile sont fort utiles ; et nous souhaitons leur extension. Puisque l'Etat s'est laissé devancer par l'initiative personnelle nous souhaitons qu'il encourage de toutes façons ces œuvres.

Nous avons lu quelque part (1) que le lait stérilisé n'a pas abaissé la mortalité infantile à Rouen. Cette opinion nous paraît injuste ; cependant elle est basée sur les statistiques des crèches de Rouen, où règnent les divers modes d'allaitement. C'est pourquoi, selon nous, la grande prophylaxie de la gastro-entérite des nourrissons consiste surtout dans la résurrection de l'allaitement *maternel* qu'il faut remettre en honneur, et rendre possible aux travailleuses (par les crèches annexées aux usines, les primes à l'allaitement maternel, etc.). Que les mères, nourrices de leurs propres enfants, écoutent chaque jour davantage leur seul conseiller qualifié, le médecin, et les décès par diarrhée deviendront rares.

Débilité congénitale. — Les décès par débilité congénitale ont suivi la marche décroissante de la mortalité générale. Mais leur pourcentage s'est encore élevé ! Or, avec la gastro-entérite, la débilité congénitale cause plus des 70 centièmes des décès d'enfants

(1) *Bulletin Médical* (1904), p. 376 : Mortalité infantile dans les classes ouvrières à Rouen

C'est pourquoi elle nous a paru devoir retenir parti-
culierement l'attention.

Nous avons essayé de rechercher pour les mettre en
relief les causes dont elle dépend le plus souvent, surtout celles sur lesquelles il y aurait possibilité d'agir
Et nous avons constaté, dans cette courte étude,
comme nous l'avons dit dans un précédent chapitre,
la parenté étiologique de la débilité congénitale et de
la mortinatité . nous le rappelons maintenant, car
nous allons pouvoir le vérifier.

Dans notre désir de reprendre la question d'un
point de vue presque strictement pratique, nous avons
voulu nous renseigner personnellement sur les petits
debiles morts à Toulouse, afin de retenir surtout les
notions mises en évidence par l'examen minutieux des
cas quotidiens.

Et nous avions d'abord pensé à faire une enquête
auprès des parents de ces enfants : nous l'avons aban-
donnée à cause de ses difficultés, des résultats impré-
cis qu'elle aurait pu donner par suite du mutisme
hostile des interrogés ou de leur bavardage menteur

C'est pourquoi nous avons puisé nos renseignements à d'autres sources :

1° Nous avons trouvé un nombre suffisant de petits
Toulousains debiles, avec ou sans cas de deces a la
Clinique d'accouchements de Toulouse et à la Maternité. Les registres des années 1907, 1908, 1909 et 1910
nous ont permis de recueillir de nombreux documents

2° Dans la these du docteur Cazeneuve, nous avons utilisé les renseignements qu'elle renferme, touchant les âges, professions des parents d'un certain nombre de debiles et l'état civil des enfants.

Mais d'abord, quels enfants decédés range-ton sous la rubrique morts de debilité congénitale.

Nous avons lu ce qu'elle résume par ordre minis-tériel dans les registres du bureau d'hygiène :

Debilite congenitale — Malformations. — Anus impeiforé. — Ectopies viscéiales — Eventration -- Hydionephrose. — Gueule de loup. — Peisistance du trou de Botal — Spina bifida. — Ictère. — Sclereme — Hepatite — Arrêt de développement — Faiblesse congénitale.

Nous voyons dans ce tableau figurer beaucoup de malformations Leur pathogénie est obscure et ne nous éclaire pas. Mais la débilité est fréquente et les malformations rares, et d'ailleurs les malformés sont des débiles mais non parce que mal formés. Ils sont débiles et malformés sous l'influence d'une cause autre.

Nous ne tirons de cette liste aucun éclaircissement

Au point de vue clinique, l'idée de débilité congéni-tale est claire · c'est un enfant de poids faible (entre 1000 et 2.500 grammes), à température basse (au-des-sous de 37), dont les appareils sont insuffisants, sujets aux troubles digestifs qui les mènent rapidement a l'athrepsie et peu résistants aux infections.

Eh bien ! que sont leurs parents ?

Les tableaux du docteur Cazeneuve nous ont permis de remarquer :

1° Leur âge,, surtout l'âge de la mère qui dépasse souvent 40 ans , celui du pere trop jeune entre 18 et 24 ans ou quelque peu âgé (plus de 50 ans).

Ces conditions défavorables à l'elaboration d'un produit robuste sont en rapport avec les vices du mariage moderne, dont l'action est bien plus nefaste lorsqu'il opère la « conjonction des diathèses ».

Le permis de mariage propose par certains dans l'espoir de régénérer la race, nous paraît fort choquant et inapplicable

2° La profession de la mere. Ce sont surtout les couturieres et les domestiques dont les enfants meurent de débilite congenitale

La femme est sortie de son rôle et travaille pour vivre l'enfant qui en naît est souvent débile

Il ne faut pas penser à arrêter les progres du féminisme Il est lieà trop de causes sociales et économiques.

3° L'etat civil de l'enfant

Le docteur Cazeneuve a etudie la grande mortalite des illegitimes qui releve surtout de la débilité. Nous pensons que la loi sur la recherche de la paternite pourra diminuer le nombre des illegitimes et améliorer leur viabilite, ne serait-ce qu'en diminuant les tentatives d'avortement.

Après avoir signalé ces quelques causes qui prédisposent les générateurs à voir naître d'eux des enfants débiles, nous allons essayer d'en faire ressortir les causes immédiates.

La considération des 33 débiles suivants, extraits sans choix et sans ordre des registres de la Clinique d'accouchement et de la Maternité, nous paraît instructive Nous donnons pour chaque débile la cause probable de son état. Lorsque nous écrivons : mère ayant travaillé, nous voulons dire que la mère a travaillé *jusqu'à l'accouchement* pendant toute sa grossesse

1. Mère suspecte de syphilis. — Enfant prématuré de 8 mois, pesant 2.270 grammes

2. Mère : chloro-anémie, albuminurie gravidique. — Enfant de 8 mois pesant 2.280 grammes, qui présenta de l'ictère et du scléreme.

3. Mère domestique ayant travaillé — Enfant de 2.280 grammes.

4. Mère domestique ayant travaillé. — Un enfant de 8 mois pesant 1.220 grammes, mort à 2 jours. L'année suivante, à noter la naissance d'un deuxième enfant non débile.

5. Mère atteinte de pied bot congénital, albuminurie. — Enfant de 7 mois pesant 1.550 grammes, mort à 3 jours.

6. Mère à antécédants tuberculeux, éclampsie. — Enfant pesant 2.030 grammes.

7 Mere, albuminurie gravidique. — Enfant de
1 920 grammes.

8 Mere chemisiere, ayant travaille. — Enfant de
8 mois pesant 2.170 grammes.

9. Mère margeuse, ayant travaille. — Enfant a
terme pesant 2.400 grammes.

10. Mere lingere, ayant travaille . albuminurie. —
Enfant à terme pesant 2.320 grammes

11 Mere tricoteuse, ayant travaille albuminurie
et prodromes d'éclampsie — Enfant prématuré de
7 mois et demi pesant 2,090 grammes, mort a 18
jours

12 Mere ayant eu la rougeole avec complications
pulmonaires pendant la grossesse — Garçon de
8 mois et demi pesant 1.930 grammes

13. Mère suspecte de syphilis. — Enfant de 2.440
grammes

14. Mere ayant ete atteinte de tuberculose des ganglions mésenteriques — Enfant ne à 6 mois pesant
1 780 grammes, mort avec sclereme le troisieme jour

15 Mere ayant travaille à une manufacture de pa-
pier. — Enfant né à 7 mois pesant 1 570 grammes.

16. Pere roulier et syphilitique . mere tuberculeuse.
— Enfant né à 8 mois et demi pesant 2 320 grammes.

17. Les deux parents syphilitiques , mere tuberculeuse. — Enfant né à 8 mois et demi pesant 2.150
grammes, avec pemphigus

18. Mere suspecte de syphilis (condylome fessier, ganglions). — Enfant de 2 470 grammes.

19 Mere ménagère, ayant travaillé. — Enfant à terme de 2 420 grammes .

20 Mere plumassiere, ayant travaille, suspecte de syphilis (éruption, calvitie) — Enfant de 8 mois pesant 2 070 grammes

21 Mere menagere, avant travaillé — Enfant à terme de 2 000 grammes

22. Mere ménagere, ayant travaille. — Enfant à terme de 2 220 grammes

23 Mere menagere, ayant travaillé — Enfant de 8 mois et demi pesant 2 130 grammes.

24. Mere ménagère, ayant travaille — Enfant a terme pesant 2.210 grammes

25 Mere menagere, ayant travaillé , chloro-anemic. — Enfant a terme pesant 2 250 grammes

26. Mere employee de commerce, ayant travaille. — Enfant de 6 mois et demi pesant 1.750 grammes

27 Mere suspecte de syphilis . trois avortements de 5 mois. — Enfant de 8 mois pesant 2.140 grammes

28 Mere ménagere ayant travaille ; bronchite chronique, albuminurie. — Enfant de 8 mois pesant 1.000 grammes

29. Mere artiste lyrique, ayant travaillé ; syphilis (?), dymenorrhée membraneuse. — Enfant de 1 820 grammes, mort à 2 jours

30. Insertion, basse du placenta — Enfant de 8 mois pesant 2.150 grammes.

31. Ménagère, ayant travaillé, syphilis(?) — Enfant de 8 mois pesant 2.200 grammes, sclérème.

32. Père, bronchite chronique. — Enfant de 6 mois pesant 980 grammes, mort le cinquième jour.

33. Mère anémique ? Père maladif ? — Enfant pesant 2 120 grammes

Il nous semble acquis

1° Que beaucoup de débiles sont simplement des *prématurés* dont la trop précoce naissance est due au *travail des mères* à la fin de la gestion.

2° D'autres sont, prématurés ou à terme, mais débiles, parce que leurs générateurs sont des malades

Un degré de plus, leurs produits peu viables ne naîtraient pas vivants ils iraient grossir le nombre des morts-nés.

Quels facteurs pathologiques voyons-nous intervenir le plus souvent .

Des maladies chroniques graves

La tuberculose assez souvent

La syphilis très fréquemment

Une place importante est à réserver à l albuminerie et à la simple albuminurie gravidique presque toujours.

Nous retiendrons surtout les trois causes suivantes,

comme les plus interessantes du point de vue qui nous occupe

1° Le travail des meres :

2° La syphilis .

3° L'albuminurie gravidique.

Elles nous paraissent former un ensemble de facteurs qu'on pourrait efficacement combattre.

Et d'abord, nous, nous emettons de nouveau le vœu que la syphilis ait sa place dans les statistiques officielles. Nous vérifierons ainsi la part qu'elle prend dans la mortalité de nos nourrissons en ville. Fournier assure qu'elle produit 40 à 80 décès pour cent hérédosyphilitiques !

Ceci dit, nous pensons, avec Budin, qu'il faut de plus en plus protéger l'enfant avant sa naissance.

Deux necessités s'imposent :

1° Donner du repos aux mères à la fin de la gestation :

2° Les placer sous la surveillance médicale pendant la grossesse.

Faire reposer les mères ?

Certes, il existe la loi Engerrand, qui interdit le renvoi de toute ouvrière pour cessation de travail, huit semaines avant et après les couches. C'est une bonne loi, mais bien insuffisante. Pour se reposer, il faut pouvoir vivre sans travailler.

Certaines communes (Villers-le-Duc, dans la Côte-d'Or), donnent aux femmes enceintes nécessiteuses, 1 franc par jour de repos à la fin de la grossesse.

Cette excellente institution, qui a donné dans ces régions de bons résultats, mériterait d'être imitée à Toulouse et partout.

Mais pour en avoir tous les bénéfices, il faudrait l'intervention de l'Etat, car il s'agit de grosses dépenses

Nous sommes ainsi conduits a juger nécessaire .

1° Une loi interdisant le travail des femmes enceintes, quinze jours au moins avant l'accouchement ,

2° La création d'indemnité de repos de grossesse, comme corollaire de cette loi, et nous ajouterons pour répondre a la nécessité de combattre les deux causes morbides les plus importantes de la débilité .

3° La loi devra rendre obligatoire auxfemmes qui devront profiter des secours de grossesse, la déclaration précoce de leur état, afin d'être soumises precocement a une surveillance médicale.

Ainsi, par l'examen fréquent des urines, la mise au régime lacté des femmes présentant de l'albuminurie, on diminuerait dans de grandes proportions le nombre des débiles de ce chef.

Et par l'institution d'un traitement mercuriel precoce de la mere suspecte de syphilis, on lui permettrait de mener à terme un enfant bien portant, et on éviterait aussi la mort habituelle du fœus in utero. Cet espoir est conforme à l'expérience clinique (1).

Une telle loi représente pour le pays une lourde charge mais nous avons su faire des dépenses plus coûteuses et d'intérêt national moindre?

Nous n'avons presque plus d'enfants : beaucoup de ceux qui nous naissent sont débiles et n'ont pas la force de vivre

La vie de la nation est en jeu elle ne peut pas se regarder mourir sans faire effort pour se sauver

On dit que la France est riche : tant mieux, car elle va avoir besoin de s'acheter des enfants, ou plus exactement de payer les mères françaises comme les plus utiles de ses fonctionnaires : et peut-être en voulant simplement conserver la vie de ses nouveaux nés, augmenterait-elle aussi le nombre de ses naissances

Protéger les mères, leur rendre moins lourde la maternité, c'est favoriser la natalité

(1) A Toulouse le Bureau de Bienfaisance a créé des consultations pour femmes enceintes mais il n'a pas pensé à leur donner la possibilité de se reposer par des secours réguliers et suffisants et par suite il ne peut pas les obliger à une surveillance médicale précoce et vraiment utile

CONCLUSIONS

I — A Toulouse, ou la natalité decroît un peu, la mortalité infantile est heureusement en décroissance.

II — La mortalité par diarrhee s'abaisse. Mais la débilité congénitale, dont le pourcentage s'élève, nous paraît un facteur inquiétant de déces.

III — Continuons avec confiance notre lutte contre la diarrhée. Nous craignons que la loi Roussel soit insuffisamment appliquée

IV — La débilité congénitale et le nombre des morts-nes relevant surtout du travail des mères, de la syphilis et de l'albuminurie gravidique, nous paraît ne pouvoir être tres efficacement combattue que par une loi interdisant le travail des meres, leur octroyant des indemnités de repos et les plaçant, des le debut de la grossesse, sous la surveillance médicale

BIBLIOGRAPHIE

ARMAING et MELLIS. — Essai sur la puériculture locale. Thèse. Toulouse 1907.

BALESTRE et GILETTA. — La mortalité de l'enfance dans les villes. Mémoire à l'Académie de Médecine janvier 1901.

BAUMEL et MALZAC — La Faiblesse congénitale ; son traitement. *Nouveau Montpellier Médical*, 1893

BÉZY. — Sur quelques points de la loi Roussel (communication au Congrès international de Pédiatrie. Paris, 1900)

A propos de la protection de l'enfance (communication au VIᵉ Congrès français de Médecine, 1902.

La Tuberculose infantile à Toulouse (1906).

BONNAVES. — Etude statistique sur la mortalité infantile à Toulouse, de 1893 à 1903. (Thèse de Toulouse, 1903).

BRINGUFT. — Contribution à la défense de l'enfant : étude locale. (Thèse de Toulouse 1900.)

BUDIN (P.). — La Mortalité infantile de 0 à 1 an : *An-*

nales de medecine et de chirurgie infantile,
15 mars 1903.

CARRIÈRE. -— Mortalité infantile : cause : remèdes .
Gazette des Hôpitaux,, 1905, p. 1203.

CAZENEUVE. — Contribution à l'étude de la mortalite
infantile toulousaine (Thèse de Toulouse,
1904.)

CHEYNES — Protection de l'enfance à Toulouse.
(Thèse, 1902.)

DAYNES. — Service d'allaitement pour enfants malades de Toulouse. (Thèse, 1907.)

DIÉTRICH — Protection du nourrisson (1908).

EMONET. — Protection de l'enfance a Toulouse.
(Thèse, 1904.)

ESPARBÉS — Logement de l'enfant pauvre a Toulouse

FIAMBARI — La Femme enceinte dans la société
moderne (Thèse. Paris., 1902-03.)

GRANCHER, COMBY, MARFAN — Traité des maladies
des enfants, 1897, t. I, pages 69-192.

JARRICOT — Protection et assistance des enfants du
premier âge en France et particulièrement
dans le département du Rhône. (*Revue phi-
lanthropique,* 1910.)

LANDAUD. —- Mouvement de la clinique infantile de
Toulouse. These de Toulouse. 1904

LESON – Trois ans de service des diarrhées These
de Toulouse, 1907.

MAUREL (E). — Etude sur la mortalité dans l'annee

qui suit la naissance. (*Archives médicales de Toulouse*, 1902.)

PERIE. — La diminution de la natalité en France. Thèse de Toulouse, 1909.

SANS — Consultations de nourrissons a Toulouse. Thèse de Toulouse, 1908-09.

TEISSIER. — Grossesse et loi française Thèse de Toulouse, 1908.

VIGENAUD. — Hygiène sociale et mutualité. (*Auvergne Médicale*, 15 novembre 1910.)

Toulouse. — Ch DIRION libraire 22 rue de Metz

www.ingramcontent.com/pod-product-compliance
Lightning Source LLC
Chambersburg PA
CBHW071007280326

41934CB00009B/2213